山のABC

地図読みドリル

宮内佐季子
山と溪谷編集部

ヤマケイ新書

山のABC　地図読みドリル　目次

山のABC　地図読みドリル　目次 1

第1章　地形図の基本 9

なぜ、地図を読むのか ……………………………………… 10

地図の種類 ………………………………………………… 14

地形図の入手方法 ………………………………………… 16

地形図の特徴 1　縮尺 …………………………………… 18

地形図の特徴 2　磁北線 ………………………………… 20

地形図の特徴 3　等高線 ………………………………… 22

地形図の特徴 4　尾根、谷、ピーク、コル ……………… 24

地形図の読み解き方 1　登山道を書き入れる ………… 26

地形図の読み解き方 2　ピークと主稜線を書き入れる … 28

地形図の読み解き方 3　植生を把握する ……………… 30

地形図の読み解き方 4　尾根・谷を読み取る1 ……………… 32

地形図の読み解き方 5　尾根・谷を読み取る2 ……………… 34

地形図の読み解き方 6　地形がわかる地図記号に注目 …… 36

登山で役立つ代表的な地図記号 ……………………………… 38

断面図の考え方 ………………………………………………… 40

左右の地形と傾斜 ……………………………………………… 42

景色と地形図を対応させる …………………………………… 44

コンパスの使い方　姿勢 ……………………………………… 46

コンパスの使い方　整置 ……………………………………… 48

コラム　隠れピーク …………………………………………… 50

第2章　実践！地図読みドリル 51

使い方とポイント ……………………………………… 52
課題1　地形図の約束事 1 ……………………………… 53
課題2　地形図の約束事 2 ……………………………… 55
課題3　正しい整置はどれ? 1 ………………………… 57
課題4　正しい整置はどれ? 2 ………………………… 59
課題5　現在地はどこ? 1 ……………………………… 61
課題6　現在地はどこ? 2 ……………………………… 63
課題7　ピーク、鞍部、尾根、谷を捉える 1 ………… 65
課題8　ピーク、鞍部、尾根、谷を捉える 2 ………… 67
課題9　尾根の変化を把握する 1 ……………………… 69
課題10　尾根の変化を把握する 2 …………………… 71
課題11　コースのアップダウンをイメージする 1 … 73
課題12　コースのアップダウンをイメージする 2 … 75
課題13　道の左右の地形と傾斜 1 …………………… 77

課題14　道の左右の地形と傾斜 2 ……………………………… 79

課題15　景色と地形図を対応させる 1 ………………………… 81

課題16　景色と地形図を対応させる 2 ………………………… 83

コラム　　マップメーター …………………………………………… 85

課題17　ルートを予測する 1 …………………………………… 86

課題18　ルートを予測する 2 …………………………………… 90

課題19　現在地を把握する 1 …………………………………… 94

課題20　現在地を把握する 2 …………………………………… 98

課題21　総合問題 1 ……………………………………………… 102

課題22　総合問題 2 ……………………………………………… 106

課題23　総合問題 3 ……………………………………………… 110

課題24　総合問題 4 ……………………………………………… 114

課題25　総合問題 5 ……………………………………………… 118

課題26　総合問題 6 ……………………………………………… 122

あとがき ……………………………………………………………… 126

カバー＆フォーマットデザイン
尾崎行欧デザイン事務所

DTP
千秋社

著者
山と溪谷編集部（第1章）
宮内佐季子（第2章）

構成
大関直樹

イラスト
川原瑞丸
松田奈津留
山口正児

写真
宮内佐季子
奥田晃司
中村英史
小関信平

校正
戸羽一郎

第1章　地形図の基本

なぜ地図を読むのか？

安全登山のために欠かせないスキル

　警察庁が毎年発表している山岳遭難の統計を見ると、遭難様態（原因）のトップは道迷いで、全体の3〜4割を占める。これらの大部分は無事に救出されているが、滑落・転倒といった遭難事故も、そのきっかけは道迷いだったというケースも多い。登山中の道迷いは、遭難につながる危険性が非常に高いのだ。だからこそ、身につけておきたいのが、「地図読み」の技術である。

　地図読みスキルをマスターすることは、道迷い遭難を防ぎ、安全に登山を楽しむことにつながる。つまり、地図が読めると、無理のない登山計画を立てることができ、登山道や地形のリスクも事前に把握できる。さらに、実際の山行中も地図から、現在地を読み取ることができるのでルートを見失うリスクが少ないのだ。

　その一方で、スマートフォンの地図アプリを使えば、地図読みスキルは不要ではという声も聞く。実際、紙地図を持たずに地図アプリの入ったスマホだけを持って山に行く登山者も増えている。地図アプリは感覚的に操作できるので、読図のスキルがなくても使いやすい。また、GPS機能がついているので、現在地もひとめで把握できる。しかし、地図アプリに表示されている情報も、紙地図と同様に二次元の地図だ。実際の山は三次元のため、地図（二次元情報）から立体的な地形（三次元情報）をイメージするという点では、地図アプリでも地図読みスキルは必要だ。

山を安全に歩くための重要な技術だ

なぜ地図を読むのか?

登山の楽しみの幅が広がる

　地図読みができるようになるメリットは、安全登山のためだけではない。地図が読めると、自分自身の登山の幅が大きく広がるのだ。たとえば、プランニング時に地図から地形的な特徴を読み取れるので、山に登らずとも現地の様子を想像して登山をイメージする「机上登山」ができるようになる。さらに現場では、地図から読み取った地形と、実際の地形を照らし合わせることで、自分で地形を判断して登山道のない尾根に取り付いたり、沢を遡行するといった登山スタイルを切り拓いたりもできる。特に、無雪期の登山道が雪で隠れてしまう積雪期には、どこをめざし、どこを歩くのか、地図と実際の地形を観察するルートファインディング技術が重要だ。道標の整備が行き届いた登山道のあるコースを歩く登山では、地図読み技術がなくても安全に歩ける場合も多い。しかし、さらにその先の世界をめざすなら地図読み技術はなくてはならない。道迷いをはじめとする遭難を防ぐために地図読みを学ぶことはもちろん大切だ。だが、それだけではなく、雪山や沢登り、あるいは道なき道を歩くといった、自分自身の登山レベルをステップアップさせて楽しむためと考えたほうが意欲的に学べないだろうか。地図読み技術を身につけて、登山を安全に、そして主体的に楽しんでほしい。

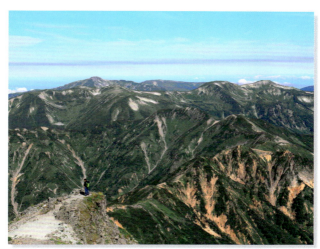

歩きながら山を同定する楽しみもある

北海道など導標の少ない山でも現在地がわかる

地図の種類

地図の種類と特徴

　登山に使う地図としては、❶ 地形図、❷ 登山地図、❸ スマートフォンの地図アプリの3つが一般的だ。まずは、それぞれの地図のメリット・デメリットをつかんでおこう。

　地形図とは、国土地理院が調査・発行している地図で、1万分ノ1、2万5000分ノ1、5万分ノ1の3種類がある。このうち登山では、2万5000分ノ1地形図を利用することが多い。ただし、長期縦走など広範囲にわたる情報が必要な場合は、5万分ノ1地形図のほうが使いやすいこともある。自分の山行プランによって使い分けよう。地形図の等高線は正確なため、尾根や谷などの地形の把握には最も向いている。その反面、登山道や林道など山中の細い道については、間違っていることもある。

　登山地図は、地形図をベースに専門家の現地調査による情報を加えたもので、登山道については、ほぼ正確に記載されている。ほかにもプランニングには不可欠なコースタイムや水場、山小屋の情報や危険箇所など登山に必要な情報が載っているので便利だ。ただし、等高線については地形図よりも読みにくいので、細かな地形を読むのには適していない。

　スマホの地図アプリはGPS機能が付いているものが多いので、現在地把握には有効だ。しかし、画面が小さいので広範囲の地形を把握するのは向いていない。

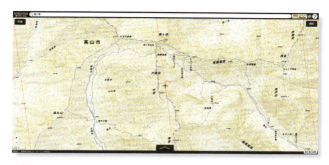

① 地形図

地形図に記載されているのは、等高線と地図記号と地名のみ。その分、等高線が見やすく地形が把握しやすい。

② 登山地図

昭文社「山と高原地図」シリーズでは、コースタイムや「ガレ場、浮石注意」や「広い山頂ケルン多し」など山行アドバイスが記載されている。防水紙などを使い耐久性も高いのが特徴。

② 地図アプリ

地図アプリはGPS機能を利用できるため、現在地把握が容易だ。ただし、バッテリーの消耗には注意しよう。

地形図の入手方法

地形図は、ネット購入がおすすめ

　2万5000分ノ1地形図は、大きな書店や登山用品店に行くと、直接購入できる。しかし最近は、ネットで手軽に入手できるようになった。ネットのほうが、紙で販売されている地形図に比べて更新が早いというメリットもある。

　ネットを使う場合、『地理院地図（電子国土Web）』からプリントアウトするなら無料だ。しかも、磁北線を表示させた状態で印刷する機能もある。サイズはA4とA3が選べるが、家庭用のプリンターはA4がほとんどだろう。もしA3の地形図が欲しい場合は有料の『電子地形図25000』を利用しよう。

　このサイトを使うとサイズがA4からA0まで選べて、縦・横の指定やエリアも選択可能（会員登録が必要）。また、送電線や記念碑、植生界等の表示の有無も選ぶことができる。料金は、A4〜A2サイズまでは178円（税込）。購入すると通常時で30分〜2時間程度、注文集中時は8時間程度でデータが送られてくる。A3の地形図が欲しい場合は、データをダウンロードしてUSBメモリーなどに入れてコンビニで印刷するとよい。

　また、日本地図センターでは、郵便・FAX・メールでの紙地図の通信販売も行なっている（宅配便かネコポスの送料がかかる）。詳しくは同法人のホームページを参照するか、TEL03-3485-5416まで問い合わせてみよう。

地理院地図からプリントアウトする場合

サイトの右端にある「ツール」タブから「印刷」を選択すると、地形図をプリントアウトすることができる。

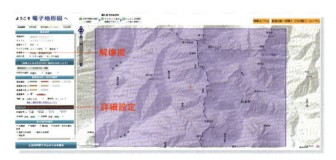

電子地形図25000から購入する場合

「解像度」は508dpiを選ぶとよい。送電線などを表示させるには、「詳細設定」タブをクリックすること。

地形図の特徴1（縮尺）

縮尺と実際の距離を頭に入れておく

　地形図には、地上にある山や道などが小さく縮めて記載されている。その縮めた割合のことを"縮尺"という。縮尺が2万5000分ノ1なら、地形図上の1cmは、1cm × 2万5000 = 25000cm（250m）となる。また、1kmの距離は、地形図上では100000cm ÷ 25000 = 4cmとなる。

　大まかな距離を知るためには、地形図の1cmが実際にどのくらいの距離にあたるのか、あるいは1kmの距離が地形図上で何cmの長さになるのかを頭に入れておくと便利だ。

縮尺が小さいと省略が増える

　また、地形図の縮尺が小さくなれば、地形図上で省略されてしまうものが増えてくる。これは、縮尺による最小単位以下のものは、地形図に記載できないからだ。等高線は、2万5000分ノ1だと10mごとに、5万分ノ1だと20mごとに描かれているので、それ以下の小さなピークや地形は、記載されていないことに注意しよう（P50参照）

　P19にあるように2万5000分ノ1と5万分ノ1の地形図を比較してみると、尾根上の小さなピーク（P24参照）や植生記号（P38参照）は、大きな縮尺である2万5000分ノ1地形図のほうが詳しく描かれていることがよくわかる。

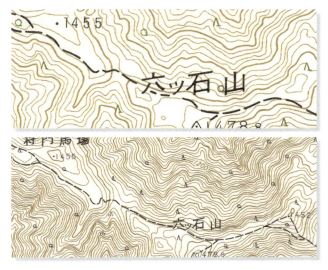

5万分ノ1地形図と2万5000分ノ1地形図の比較

同じ場所を表わす5万分ノ1地形図（上）と2万5000分ノ1地形図（下）。5万分ノ1地形図は、六ツ石山山頂付近の細かな地形や果樹園・針葉樹林の地図記号が省略されていることがわかる。

縮尺と実際の距離

地図上の長さ	実際の距離	
	2万5000分ノ1	5万分ノ1
1mm	25m	50m
2mm	50m	100m
4mm	100m	200m
10mm（1cm）	250m	500m
2cm	500m	1km
4cm	1km	2km

縮尺と実際の距離

表にあるような目安となる地図上の長さと実際の距離を頭に入れておくと、山行中に頭の中で距離を計算をしなくてもすむ。

地形図の特徴2（磁北線）

真北と磁北

　地形図の真上は北であることが一般的だが、これはコンパスが指す北とは、少しズレている。このような地形図上の北のことを"真北"、コンパスが指す北のことを"磁北"という。そして、真北と磁北のズレている角度のことを"偏角"という。

磁北線の引き方

　偏角は場所によって異なり、北海道の札幌だと約9度、那覇では5度、本州中央部では約6〜7度となっている。登山でコンパスを正確に使うためには、山行前に磁北を示す線を引いておく必要がある。紙の地形図と『電子地形図25000』には注記の部分に偏角の情報が記載されているので参照しよう。無料でプリントアウトできる『電子国土』の場合は、磁北線を引く機能があるので印刷する前にオンにしておくとよい。

　実際に磁北線を引く際には分度器を使ってもよいが、小さい値だと正確に引くことができない。そこで、縦横の数値を示した偏角早見表と定規を使うのがおすすめだ。

　もし事前に磁北線を引いていなかった場合は、プレートコンパスのプレートを使って偏角を測り、磁北線を引くこともできる。しかし、正確な線を引くためにも事前に準備することが大切だ。

偏角早見表

偏角度	分	横 X軸(cm)	縦 Y軸(cm)	度	分	X軸(cm)	Y軸(cm)
5	0	1.75	20	7	30	2.63	20
5	10	1.81	20	7	40	2.69	20
5	20	1.87	20	7	50	2.75	20
5	30	1.93	20	8	0	2.81	20
5	40	1.98	20	8	10	2.87	20
5	50	2.04	20	8	20	2.93	20
6	0	2.1	20	8	30	2.99	20
6	10	2.16	20	8	40	3.05	20
6	20	2.22	20	8	50	3.11	20
6	30	2.28	20	9	0	3.17	20
6	40	2.34	20	9	10	3.23	20
6	50	2.4	20	9	20	3.29	20
7	0	2.46	20	9	30	3.35	20
7	10	2.51	20	9	40	3.41	20
7	20	2.57	20	9	50	3.47	20
				10	0	3.53	20

たとえば、偏角が7度0分の場合は地形図の右上の隅から縦が20cm、横が2.46cm（2.5cmでも可）を測って線を引くとよい。

磁北線の引き方

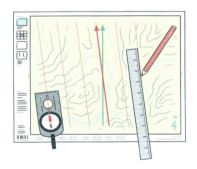

上の表を参考に偏角に合わせて、地形図の右上の隅から縦と横の基点を取り、線を引く。磁北線を一本引いたら、あとは4cm毎に平行になるように線を加えていく。2万5000分ノ1地形図では、4cmで実際の1kmとなる。

地形図の特徴3（等高線）

　等高線とは、「標高が等しい地点を結んだ線」のことを指す。隣り合っている等高線と等高線の間隔は一定となっており、2万5000分ノ1地形図では、10mと決まっている。たとえば、現在地と山頂の間に10本の等高線があれば、それは山頂までに10m×10本＝100mの標高差があることを示している。

3種類の等高線

　2万5000分ノ1地形図では、❶から❸の3つの等高線が描かれている。

❶主曲線：標高差10mごとに引かれた実線。

❷計曲線：5本おき（50mごと）に引かれた太い線。この線があるおかげで等高線の数を数えやすくなる。

❸補助曲線：2.5か5m間隔で引かれた点線。主曲線では表現できない複雑な地形の変化を表わすときに使われる。主に低いピークや比較的平らな場所を示す地形を表現するときに使われる。

標高を読み取る

　地形図を見るときには、計曲線の標高（茶色い数字）と三角点や標高点、水準点等の標高（黒い数字）に注目すること。この数字と等高線の数を数えることで地形図上の地点の標高を読み取ることができる。

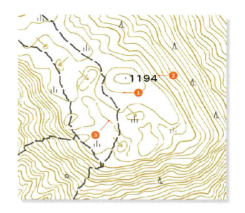

3種類の等高線

実線で描かれている❶が主曲線。太い実線で描かれている❷が計曲線。点線で描かれている❸が補助曲線。

標高の調べ方

槍ヶ岳の山頂には3180mと記載されている。また、槍ヶ岳山荘の西にある計曲線には2750mとあるので、ここからも標高が読み取れる。これらを手がかりに等高線の数を数えていくと、地図上のどの地点の標高もわかるはずだ。

地形図の特徴4（尾根、谷、ピーク、コル）

等高線を理解するための4つのポイント

　等高線を読むポイントとして、次の4つを知ることが重要だ。

❶ ピーク：山頂のように周囲より高いところ。等高線は狭い範囲で閉じた曲線（円）になっているので見つけやすい。ただし、きれいな円になっているのは珍しく、楕円だったり、細長い円になっていることもある。

❷ 尾根：周囲と比べて線状に高くなっているところ。等高線は、ピークなどから外側に張り出している。

❸ 谷：周囲と比べて線状に低くなっているところ。等高線は川などの低い場所からピークやコルなどの高いところに突き上げている。

❹ コル（鞍部）：ピークとピークに挟まれた、周囲より低いところ。等高線は2つのピークから張り出して、向かい合っている。

　このうちピークとコル（鞍部）は比較的読み取りやすいが、尾根と谷は慣れるまで迷うことがある。

等高線の間隔

　等高線の間隔が広いところは、傾斜が緩やかな地形、間隔が狭いところは、急峻な地形となっている。この点を覚えておくと山の形がイメージできるので山座同定に利用できるほか、プランニングのときに歩くペースを考えるのにも役立つ。

地形と等高線

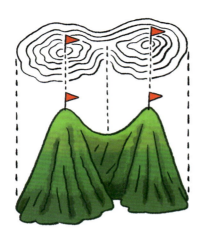

尾根・・・ピークなどの高い場所から等高線が外側に張り出しているところ。
谷・・・川などの低い場所から等高線が突き上げているところ。
ピーク・・・山頂のように周囲より高いところで等高線が円になっているところ。
コル・・・ピークとピークに挟まれた場所で、等高線が向かい合っているところ。

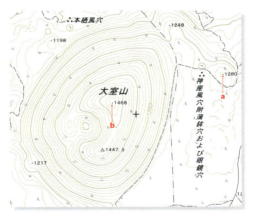

等高線の間隔と傾斜

aとbは両方ともピークであるが、aは等高線の間隔が広い。bは、等高線の間隔が狭く、何本もの等高線が詰まっている。aはなだらかな小さなピーク。bは、aに比べると急峻なピークだと判断できる。

地形図の読み解き方1（登山道を書き入れる）

登山地図でコースタイムをチェックする

　まずは、自分の歩こうと思っているルートを登山地図で確認してみよう。登山地図にはコースタイムが掲載されているので、歩行時間に無理がないかをチェックしたい。一般的には1日の歩行時間の合計が3〜4時間までは初級者向きコース、6〜7時間が中級者向きコース、8時間を超えた場合は上級者向きコースと考えよう。

　もし、登山地図が手元にない場合は、ヤマケイオンラインの「ヤマタイム」や、「YAMAP」などのネット上にある登山地図を参照することもできる。ただし、すべての山域のコースタイムが掲載されているわけではないので注意しよう。

登山道を地形図に書き込む

　コースタイムに問題がないようなら登山地図のコースを2万5000分ノ1地形図に書き写してみる。このとき地形図の破線の道（徒歩道）と登山地図で、道が違っているところがあるので注意したい。登山地図は現地を実際に歩いて調査したデータによって作られているので、地形図の道のほうが間違っていることが多い。地形図は、等高線で表わされた地形については正確だが、徒歩道などの人工物については、それほど信頼性が高くない。

登山地図

ヤマケイオンライン「ヤマタイム」より涸沢周辺の登山地図。

登山道を書き込む

上のような登山地図を参考にして、2万5000分ノ1地形図に、予定している登山ルートを書き込む。今回は涸沢をスタートし、北穂高岳に登り奥穂高岳まで縦走して、ザイテングラートを下山するコースとした。

地形図の読み解き方2（ピークと主稜線を書き入れる）

ピークと主稜線を書き込む

　登山道を書き入れたら、次にルートの近くにあるピークを〇で囲んでみよう。ピークは円になっている等高線のいちばん内側（それより内側には等高線がない）なので見つけやすいはずだ。ピークを示す等高線は同心円状になるとは限らず、楕円だったり、細長かったりするものもあるので気をつけたい。

　ピークをチェックできたら、ピークとピークを結ぶ主稜線や大きな尾根を書き込んでみよう。主稜線は、ピークを示す円になった等高線から、凸状になっている部分に線を引いていき、別のピークと結んだものだ。

方角からコースをイメージする

　次に、歩くコース、ピーク、主稜線の方角をチェックしてみると、ルートがどんな状況なのかをイメージできる。

　P29のコースの場合、北穂高岳から奥穂高岳の方向（南北）に主稜線が延びている。それに対しコースは東側斜面にあるので、朝は早く明るくなり、夕方は早めに暗くなることがわかる。つまり早朝から行動することが可能だが、夕方は早めに行動を終えるのがよいだろう。もし主稜線が東西に延びていたら、南側は日差しを浴びるので暑く、北側は涼しいので雪が遅くまで残ることが予想できる。

28　　　　　　第1章　地形図の基本

丸いピーク　　　　　　細長いピーク　　　　　　3方向に尾根が
　　　　　　　　　　　　　　　　　　　　　　　　張り出ているピーク

さまざまなピーク

ピークの形は円形とは限らずさまざまだが、いずれも閉じた曲線が描かれているのが特徴だ。

ピークと主稜線を書き込む

等高線からピークを読み取り、〇マークをつける。さらに、大きなピーク同士を結ぶ主稜線をマーカーで色をつけた。主稜線は北穂高岳から涸沢岳や奥穂高岳を結ぶ尾根である。

29

地形図の読み解き方3（植生を把握する）

樹林帯と視界が開けた場所を塗りつぶす

　広葉樹と針葉樹は、主に樹林帯を表わす地図記号なので、同じ色（P31では緑色）で塗りつぶしてみよう。

　それに対し、荒れ地、砂礫地、ハイマツなどの記号が描かれている場所は、樹林帯とは違って視界が開けていることが多い。こちらも別の同色（右ページではオレンジ色）で塗りつぶす（砂礫地や荒れ地は点ではなく面になる）。

森林限界の場所を特定する

　高山の場合は、この2色の境目が森林限界となっていることが多い。森林限界から上部は、視界が開けているので展望が楽しめる。しかし、さえぎるものがないので強風に吹かれると低体温症になったり転倒・滑落などの危険がある。落雷のリスクもあるので、夏の午後に森林限界を超えた標高を歩く場合は、注意が必要だ。

　P31の地形図では、涸沢周辺が森林限界となっていることがわかる。ほかにも森林限界を見つけるための手がかりになる記号として万年雪もある。この記号は、読んで字のごとく一年中雪が残っている場所で、北アルプスでは白馬大雪渓などが有名だ。万年雪として地形図に記載されるのは、9月の時点で50m×50m以上の雪が残っているものに限られる。

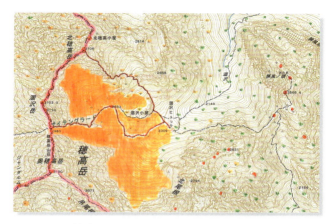

植生記号、荒れ地などを塗りつぶす

まずは、広葉樹と針葉樹の記号を探して緑色のマーカーで塗りつぶそう。次にハイマツ、砂礫地、荒れ地をオレンジ色のマーカーで塗りつぶしてゆく。

針葉樹

広葉樹

荒地

ハイマツ

地形図の読み解き方4（尾根・谷を読み取る1）

尾根線と谷線を引いていく

　主稜線と植生を把握したら、次はピークから延びている尾根を探してみよう。尾根はピークから凸状に等高線が飛び出した部分なので、そこに赤い線を引いていく。反対に、川などの標高の低いところからピークやコルなどの高いところに凸状に突き上げているのが谷なので、青い線を引いていく。

　ポイントは、尾根線・谷線ともに等高線がきつく曲がっている点を見つけ出し、そこを線で結んでいくことだ。また、尾根と谷は交互に現われて、決して交わらないという原則がある。もし、尾根線と谷線を引いていて交差するようだと、線の引き方が間違っているということだ。

尾根と谷の違い

　初心者のうちは、等高線の形だけを見ても尾根なのか、谷なのか判別することが難しい。まずはピークやコルのように確実に高いところ、川や池など確実に低いところを見つけて、そこから等高線がきつく曲がっている点を結んでいこう。

　地図読みに慣れた人だと、ピークや川など目立つ目標物がなくても、尾根と谷の区別をつけられることがある。これは、尾根よりも谷のほうが等高線の曲がり方がきついことが多いからである。

32　　　　　第1章　地形図の基本

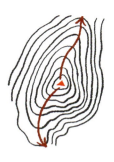 

尾根線の引き方

等高線で示されたピークの場所を探す。次にピークから最も凸状に突き出した部分を見つけて線を引いていく。

谷線の引き方

等高線で示されたピークやコルの場所を探し、ピークやコルから凹状に延びている部分を見つけて線を引いていく。

尾根線と谷線を引いてみる

常念岳周辺の2万5000分ノ1地形図に尾根線と谷線を引いてみよう。わかりやすいのは前常念岳の北斜面だ。前常念岳の主稜線はどこに延びているのかを見つけ、尾根をピンクのマーカーで、谷を青のマーカーで示そう。

地形図の読み解き方5（尾根・谷を読み取る2）

わかりにくい尾根と谷は無視してもよい

　それでは、実際に地形図全体に尾根線と谷線を引いてみよう。等高線を読み慣れていない人は、標高の高いところと低いところを色分けしてから取りかかると、やりやすいだろう。

　はじめのうちは、等高線の微妙な凸凹は無視して、わかりやすいものだけに線を引くだけで充分だ。ただし、その場合は、小さな谷を無視することになるので、尾根線が2本並ぶこともある。

　また、谷はピークやコルから探すほか、川や沢（地形図上で水色で描かれているので目立つ）、堰（せき）や滝（地図記号からわかる）を見つけて、そこから線を引くという方法もある。

　このような尾根線と谷線を読み取るスキルは、地図読みのなかでも特に重要だ。これができなくては、地形図から実際の地形をイメージすることができない。最初は難しく感じるかもしれないが、実際に手を動かしながら確実に身につけるようにしたい。

ルートの傾斜や登降差を確認する

　最後にルート上にある等高線の間隔をチェックし、間隔が狭い部分は××などの記号を書き込もう。P24でも説明したが、等高線の間隔は傾斜の緩急を表わしており、緩斜面は間隔が広く、急斜面は間隔が狭くなっている。××をつけた部分は、傾斜が急な部分なので、事前に知っておくことでプランニングに役立つ。

地図全体に尾根線と谷線を書き込む

地図全体からピークを探し、尾根線はピンク、谷線は青のマーカーを引いていく。

ルートの傾斜や登降差をチェックする

ルート上で等高線の間隔が詰まっている部分を探し、××などの記号を記入する。

地形図の読み解き方（地形がわかる地図記号に注目）

地図記号からも尾根と谷がわかる!

　地形図にある等高線の凸凹だけで、尾根と谷を見分けるには、読図の経験と慣れが必要だ。地形の複雑な地形図では、地図記号も併用して尾根や谷、斜面の方向を読み取る方法を覚えておくと便利だ。

覚えておきたい地図記号

　たとえば、岩がけや土がけの記号は、開いている部分が斜面の下にあたることになっている。ということは、P37にあるように等高線の凸凹に対して開いている部分が外向きなら尾根、内向きなら谷と判断できる。

　また、送電線の記号があって、角度がついて曲がっている場合は、尾根の可能性が高い。実は、曲がっている場所には、送電線を支えるための鉄塔がある。鉄塔は尾根のような標高の高いところに立てることで、建設にかかるコストを抑えているというわけだ。現在でも送電線は新しいものが作られているので、地形図に記載されていないものがあることも覚えておこう。ほかにも電波塔や高塔（火の見やぐらや給水塔など）、風車といった建造物は、さえぎるものが少ない尾根上に設置されていることが多い。

第1章　地形図の基本

地形の特徴がわかる地図記号

がけ（岩）・・・がけの地図記号は（岩）と（土）の2種類があるが、両方とも開いている部分が斜面の下になる。

送電線・・・地形図で送電線を見つけたら「く」の字に曲がっている部分をチェック。そこは尾根の可能性が高い。

滝・・・滝は大きさによって2つの地図記号があるが、ともに実線と円点で示されており、実線が上流側になる

史跡・・・史跡や名勝、天然記念物などを示す。低山などでは山城をはじめ、多くの史跡が残っている。

噴火口・噴気口・・・火口と火口から上がる噴気を示す。活火山などでは、実際に噴気を確認できる。

三角点・・・三角点は、測量の基準となる場所のため、どこからでもよく見える尾根上にあることが多い。

登山で役立つ代表的な地図記号

地形・植生を表わす地図記号

田

竹林

畑

ヤシ科・樹林

茶畑

ハイマツ地

果樹園

笹地

広葉樹林

荒地

針葉樹林

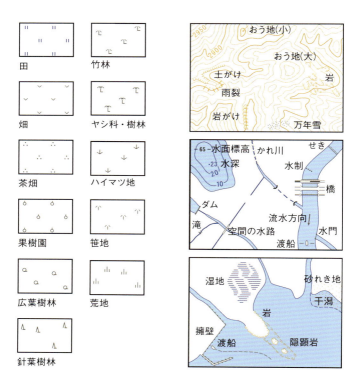

道路・線状の地図記号

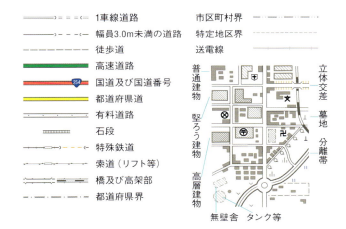

- 1車線道路
- 幅員3.0m未満の道路
- 徒歩道
- 高速道路
- 国道及び国道番号
- 都道府県道
- 有料道路
- 石段
- 特殊鉄道
- 索道（リフト等）
- 橋及び高架部
- 都道府県界
- 市区町村界
- 特定地区界
- 送電線

普通建物／堅ろう建物／高層建物／無壁舎／タンク等／立体交差／墓地／分離帯

建物を示す地図記号

記号	名称	記号	名称	記号	名称
△74.8	電子基準点	〒	郵便局	風車	風車
△52.6	三角点	文	小・中学校		油井・ガス井
□21.7	水準点	⊗	高等学校		灯台
◎	市役所／東京都の区役所	田	病院		坑口
○	町村役場／指定都市の区役所	血	博物館		温泉
			図書館		噴火口・噴気口
		介	老人ホーム		採鉱地
	官公署		電波塔		城跡
	裁判所	・124.7	特別標高点		史跡・名勝
	税務署	・125	標高点		天然記念物
Y	消防署	日	神社	⚓	港湾
⊕	保健所	卍	寺院		漁港
⊗	警察署		高塔		記念碑
X	交番		煙突		発電所・変電所

39

断面図の考え方

等高線の間隔に注目

　等高線から地形を立体的にイメージする方法として、断面図を考えてみよう。ここで重要なのは、傾斜が緩やかな場所は等高線の間隔が広く、急峻な場所は等高線の間隔が狭い（詰まっている）ことだ。地形図上では、等高線の間隔が詰まったところは色が濃く見え、間隔が広いところは白っぽく見えるという特徴もある。

断面図作成のメリット

　このように等高線の間隔から、傾斜の緩急をイメージできると、山の断面図を作ることができる。断面図を見ると尾根のアップダウンが一目瞭然なので、踏破に必要な体力が予想できるだろう。尾根の傾斜の変化は、風景のなかでもよく目立つので、現在地把握や山座同定にも役立てることができる。

　実際に断面図を作るときは、ピーク・コル・等高線の間隔が狭いところと広いところの4点に注目するとよい。ただし、初心者がいきなり地形図から断面図を作成するのは難しいと感じるかもしれない。その場合は、「地理院地図」の断面図作成機能や、ヤマケイオンラインの「ヤマタイム」の「コースタイム計画」機能を利用してみよう。

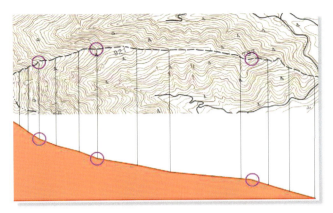

等高線の緩急から断面図を作成する

等高線の間隔から傾斜の緩急を読み取ることができたら、断面図を作成できる。
○は、尾根の上で傾斜が特徴的に変わっている箇所。

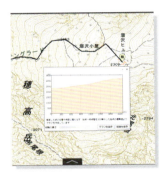

「地理院地図」の断面図

「地理院地図」のページの右端に「機能」タブがあるので、クリックすると「断面図」を選ぶことができる。断面図は任意の場所をクリックするだけで簡単に作成できる。

「ヤマタイム」の断面図

「ヤマタイム」の右上にある「コースタイム計画をたてる」をクリック。地図上で自分の歩くルートを作成すると、そのコースの高低図が自動的に作成される。

41

左右の地形と傾斜

ルート維持に使える地形パターン

　私たちが使う登山道は、左右の地形をよく見てみると、次の4つのパターン上にあることがほとんどだ。これを覚えておくことで、自分の歩いている道の左右の地形と地形図を比べて、正しいルート上を進んでいるかどうかを判断することができる。

❶尾根道：左右の地形が自分より低い。

❷谷道：左右の地形が自分より高い。

❸トラバース道：片側が自分より高く、片側が自分より低い。この場合は、等高線に平行か緩やかに横切るようなルートを歩いている。

❹等高線に垂直な道：自分の前か後のいずれかが高く、いずれかが低い。

地形を検証しながら歩く

　たとえば、地形図上では尾根道を歩くつもりだったのに、自分の左右のどちらかが高い地形の道を歩いているなら、コースを外れていることを意味している。尾根道なら両側の地形が自分より低くなくてはいけない。左右のどちらかの地形が高いということは、トラバース道の可能性が高い。このように常に地形を検証しながら歩くことで、道迷いを防ぐことができる。

歩いているときにわかる地形

尾根、谷、ピーク、コルといった特徴的な地形は、地形図で見てわかるだけでなく、実際に歩いているときにも、独特の見え方をする。それを読み取ることが地形を把握することにつながる。

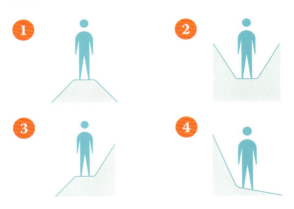

ルートと地形の関係

❶は、両側が自分よりも低いので尾根道。❷は両側が自分よりも高いので谷道。❸は、片側が自分より高く、反対側が自分より低いのでトラバース道。❹は、自分の前後に傾斜があるので、等高線を垂直に横切る道であることがわかる。

景色と地形図を対応させる

　ここでは実際の景色と地形図を対応させる具体的な方法を見てみよう。右の写真は、地形図の△から◎まで歩く途中で南東方向に見えた景色である。この地形図上にある a 〜 f 地点と◎地点の場所が、写真のどこにあたるのか考えてみたい。

特徴的な地形に注目する

　まず写真の方向が南東なので、地図が整置された状態（P48参照）であることがわかる。次に写真を見ると湖に大きく突き出た岬が特徴的なので、e 地点はすぐにわかるだろう。

　e がわかれば入り江となっている a 地点と f 地点も湖岸線を追っていくと位置を特定できる。◎は 1828 ピークと弁天山ピークとのコルにあたるので、ここもわかりやすい。さらに◎から東に延びる尾根を登ったところに弁天山のピークがあり、ここが b 地点であることも容易にわかる。

　残る 2 つの c と d 地点は、少し難しい。弁天山周辺から右に延びている尾根のどこかに d 地点がありそうだ。地形図上では d 地点は等高線の間隔が広くなっているので、傾斜が緩んだところだと想像できる。さらに d 地点から手前に尾根が延びているので（写真に青線を引いた尾根）、以上の 2 つの理由から d の場所を特定できる。d 地点がわかれば、この尾根から北東に登ったピークが c 地点だ。

44　　　　　第 1 章　地形図の基本

45

コンパスの使い方（姿勢）

利用上の注意

　フィールドで地形図を使ったナビゲーションを行なう場合、必要になってくるのがコンパスだ。コンパスを正しく使用するためには、いくつか気をつけるべき点がある。

　まず、コンパスは水平に持つこと。これは、斜めに持つと磁針がカプセルの内側に触れてしまって間違った方向を指すことがあるからだ。そして、より高い精度で方向を確認するためには、体の真正面にコンパスを構えて、確認した目標物のほうへ体を向けるようにしよう。

　さらに、磁北線と磁針の角度をなるべく正確に合わせるために、地形図とコンパスを重ねて見ることも大切だ。また、コンパスを見るときに真上ではなく、斜めに見下ろすと誤差が出ることもあるので注意したい。

保管上の注意

　コンパスを保管しておくときは、スピーカーやスマートフォンなど強い磁力のあるものの近くに置かないようにしよう。強磁力によって磁針の南北が逆転してしまうことがある。そして、使用前には正しい方角が確認できるところで、磁針の向きが正確かをチェックしよう。

正しい姿勢（正面）

進みたい方向を向き、両脚をそろえて真っ直ぐに立つ。コンパスを腹と胸の中間くらいの位置にもっていき、地面に対して水平になったコンパスを真上からのぞき込む。

正しい姿勢（側面）

猫背になったり、コンパスを持った手が体より前に出すぎると、真上からコンパスを確認できず、正確性に欠くので注意。コンパスを水平に持ち、真上からのぞくことが重要だ。

コンパスの使い方（整置）

整置のメリット

　コンパスの最も基本的な使い方として、磁針の向きを使った地形図の「整置」を覚えておきたい。整置とは地形図の方角を実際の風景の方角と合わせることだ。そうすることで地形図から直感的に方角をとらえることができるようになるので、読み取りのミスを減らすことができる。また、方角を正確に感知することができるので、微妙な方向の間違いにもすぐに気がつく。

整置の方法

　実際に整置をする方法としては、

❶コンパスを地形図の上にのせる。このときコンパスが傾いていると正しい方角を指さないことがあるので、必ず地面と平行にすること。また、コンパスを見るときは、なるべく真上から見るようにしよう。

❷コンパスの磁針のN極（赤い針）が地形図の磁北線と平行になるように地形図を回転させる。ビギナーは地形図ではなくコンパスを回してしまうことがあるが、これは間違い。コンパスの磁針は一定方向を指しているので、整置したことにはならない。

❸最後に、周りの風景と地形図を見比べてみよう。地形図上に記載された方向に山や建造物など特徴的な物を見つけられたら整置は成功している。

実際の風景と地形図を照らして整置する方法

見えている山が地形図上のどの山か把握できており、尾根や谷などの地形が明確な場合、コンパスを出さなくても整置が可能だ。地形図をゆっくり回して、ピークや大きな谷など、わかりやすい実際の地形と地形図上の地形の向きをそろえよう。

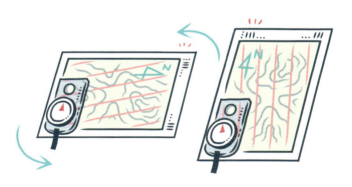

コンパスを使った整置方法

コンパスを使って整置を行なうには、地形図を地面と平行に持ち、コンパスを地図の上に置く。コンパスのN極と地形図に引いた磁北線の北が一致するように、地形図をゆっくり回転させる。N局と磁北線が重なれば整置した状態だ。

[コラム] 隠れピーク

 2万5000分ノ1地形図の等高線は、10mごとに引かれている。そのため10m未満のピークは、地形図上に記載されていない。実際に山を歩いていると、10m未満の小ピークでも傾斜がきついと大きなピークを越えたと勘違いしてしまうこともある。それを地形図上で見つけようとすると現在地を間違ってしまう可能性があるので気をつけよう。下の地形図のような地形は要注意だ。

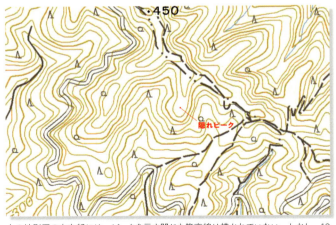

上の地形図の中央部には、ピークを示す閉じた等高線は描かれていない。しかし、10m下の計曲線がくびれた形状になっていることから、このくびれが鞍部を差し、地形図に描かれていない小ピークがあると推測できる。

第2章

実践！地図読みドリル

使い方とポイント

　2章では、ナヴィゲーションをする際に必要となる基本知識をベースとした問題を出題します。

　各課題は、知っておきたい地図の約束事や、基本的なコンパスの使い方、等高線をさまざまな角度から読み解く練習といった実践的な内容になっています。

　地図読みでは、早さよりも正確さが大切なので、初心者も慌てずにじっくり考えて結論を出してください。

　地図読みが好きな人や、現地での地図読み経験が豊富にある人にとっては簡単な問題も多いと思いますので、自信のある人はできるだけ短時間で解くようにしてみてください。短時間で正確に情報を読み取れるほど、実際の山でも地図を読むストレスが少なく、結果的に頻繁に現在地を確認できるようになり、道迷いのリスクも少なくなります。また、実践を想定し、筋トレ後などの心拍数が上がった状態で取り組むのも効果的です。

　解答と解説は出題ページの次のページにあります。

課題

Question

01 | 地形図の約束事1

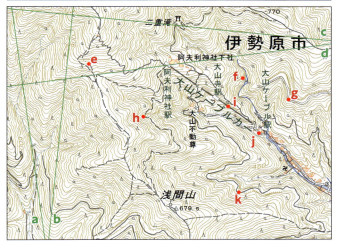

この地図は、国土地理院発行の地形図を拡大・縮小せずに載せています。
この場所での磁針方位は西偏約7度50分です。

1. この地形図の縮尺はいくつですか。
2. 磁北線として正しい線はa～dのどれですか。
3. 最高地点、最低地点はどこか、地図上で示してください。
4. e～k地点で、地表面に道がない地点をすべて挙げてください。
5. e～k地点の標高はそれぞれ何mですか。
6. ef間の直線距離は何mですか。

| 課題 | Answer |

01　解答と解説

① **1 : 25000**
（2万5000分ノ1）

等高線に注目することで地形図の縮尺を判断できる。この地形図の等高線には、計曲線と主曲線があること、標高を表わす数字を比較すると等高線間隔が10mであることから縮尺1:25000であるとわかる。

② **a**

③ **図のとおり**

等高線から読み取れる最低地点は青で塗った部分（これも正解とする）だが、そのなかでも川のいちばん下流（水色の点）部分が最も低い。最高地点はピンポイントで確実に知ることはできない。

④ **e、f、i**

eは市区町村界の記号で、実際には杭などがあることもあるが、なにもないことも多い。fは堰（せき）、iは特殊鉄道（ケーブルカー）。

⑤ **e：880m　f：510m　g：540m　h：710m**
　i：500m　j：400m　k：460m

⑥ **約1000m**

課題

02 | 地形図の約束事2

Question

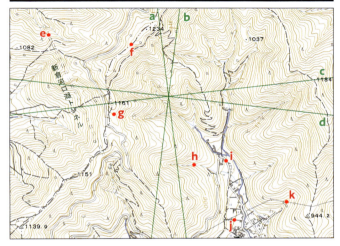

この地図は、国土地理院発行の地形図を原寸のまま載せています。
この場所での磁針方位は西偏約6度50分です。

1. この地図の縮尺はいくつですか。
2. 磁北線として正しい線はa〜dのどれですか。
3. 地図中の最高地点、最低地点はどこですか。
4. e〜kで、地表面に道がない地点をすべて挙げてください。
5. e〜kの標高はそれぞれ何mですか。
6. ef間の直線距離は何mですか。

課題

02

Answer
解答と解説

1	1:25000 （2万5000分ノ1）	標高を表わす数字を比較することで等高線間隔が10mとわかる。それにより、2万5000分ノ1の地図だとわかる。
2	a	
3	図のとおり	等高線から読み取れる最低地点は青で塗った部分（これも正解とする）だが、そのなかでも川のいちばん下流（水色の点）部分が最も低い。最高地点はピンポイントで確実に知ることはできない。
4	e、f、g、h、k	eはトンネルの記号で、道は地下にある。fは市区町村界の記号。hは川。kは送電線。
5	e:1030m f:1220m g:1140m h:870m i:830m j:800m k:850m	
6	約550m	

56　　　　第2章　実践地図読みドリル

課題

03 | 正しい整置はどれ?1

🅐〜🅓は、進みたい道の方向を向いて地図の整置をしている図として正しいですか、間違っていますか。
間違っている場合は、どのような間違いをしているのか答えてください。

現在地 ●　　進みたい方向 ▶　　磁北線 ——

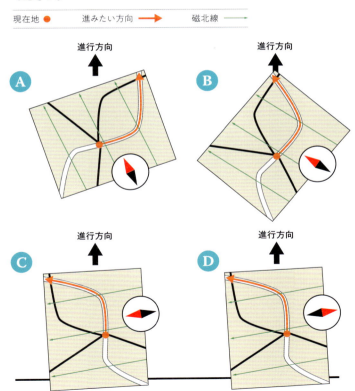

57

課題 **03**

Answer
解答と解説

A 間違い　　　　　整置はできているが、進みたい方向を向いていない。

B 間違い　　　　　整置はできているが、進みたい方向を向いていない。

C 正しい

D 間違い　　　　　地図を南北逆さに合わせてしまったため、進行方向とは正反対の方向を向いている。

　地図の整置とは、地図の磁北線とコンパスの北が一致するように地図を持ったときに、地図上での進みたい道と実際に進むべき道の向きが一致することである。その意味では **A**、**B** も整置はできているが進行方向が間違っている。**A** の場合は進みたいルートに合流するので、途中でルートの間違いに気づけば復帰することもできる。**B** の間違いは実際に起こりやすい。下の図の★で示した道の分岐を次のチェックポイントとしたときに、道の方向ではなく次のチェックポイントの方向へ向かって整置してしまう場合である。

D も起こりやすい間違いである。磁北線は地図で使われていない色で引くこと、北がわかるように矢印を描いておくことなどの工夫で、間違いのリスクを避けられる。

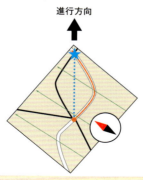

課題

04 | 正しい整置はどれ?2

進みたい道のほうを向いて整置をしている図として、
図 A〜D はそれぞれ正しいですか、間違っていますか。
間違っている場合は、どのような間違いなのかも答えてください。

現在地 ●　　進みたい方向 ➡　　送電線 ⊢⊢⊢　　磁北線 →

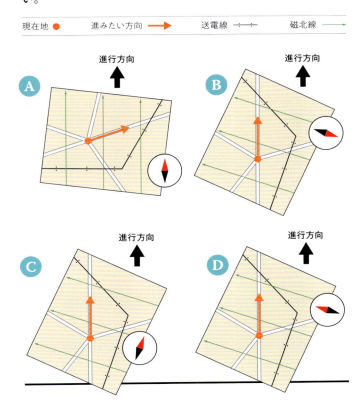

課題	Answer

04 解答と解説

A 間違い	地図の整置はできているが、進行方向ではなく、磁北のほうを向いている。
B 間違い	地図を南北逆さに合わせてしまったため、進行方向とは正反対の方向を向いている。
C 間違い	コンパスを磁北線ではなく、送電線に合わせてしまった。
D 正しい	

　地図の磁北とコンパスの北が一致するように地図を持ったときに、地図上での進みたい道と実際に進むべき道の向きが一致する、これが地図の整置である。その意味では A と D は整置できているが、A の場合は下の図で示す赤い矢印の方向へ進まなければならない。B と C は起こりやすい間違いである。磁北線は地図で使われていない色で引くこと、北がわかるように矢印を描いておくことなどで間違いのリスクを小さくすることができる。

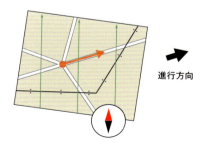

課題

05 現在地はどこ？1

あなたは今、地図上のいずれかの道にいます。
4枚の図は、地図内にある建物、地図内にある送電線の鉄塔、道が延びている方向に向かってそれぞれ整置をしたものです。
現在地はどこですか。

送電線 —·—·—　　磁北線 ——→

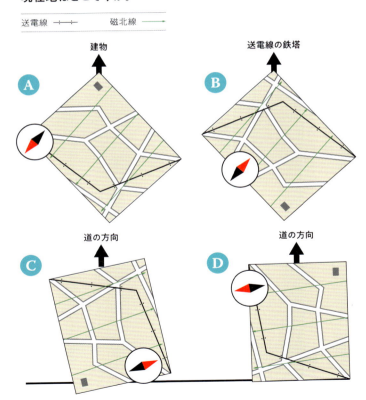

課題 05

Answer 解答と解説

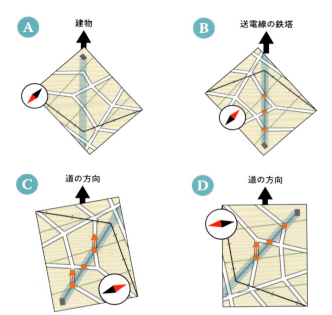

体の正面で地図を整置しているとき、正面に見えているものは地図上でも正面方向（図の真上方向）にある。Aで薄い青線で示した範囲にいることがわかり、Bで濃い青線で示した範囲にいることがわかる。そして、いずれかの道にいることから、赤点で示した3地点に絞り込める。さらにC、Dで道の方向が一致する場所（→で示した）に照らし合わせると現在地がわかる。

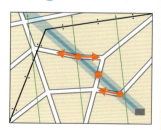

Question

課題

06 | 現在地はどこ？2

あなたは今、地図上のいずれかの交差点にいます。
4枚の図は、交差点から延びる4本の道の方向を向いて整置した図です。
今いる交差点は、地図上のどこですか。

磁北線 ——→

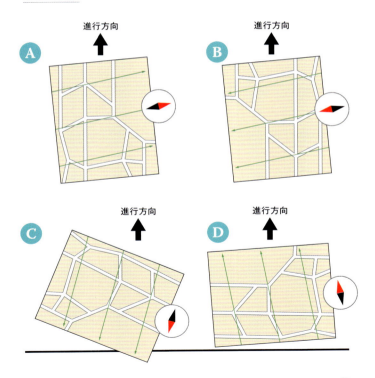

課題 06 | Answer
解答と解説

　目の前に延びている道は、整置された地図上でも体の正面方向（図の真上方向）を向いているので、該当する道に水色の矢印 ⟶ を、該当する交差点に赤丸 ◯ を描くと下の図のようになる。

　4本の道と方向が一致する交差点は1カ所だけである。

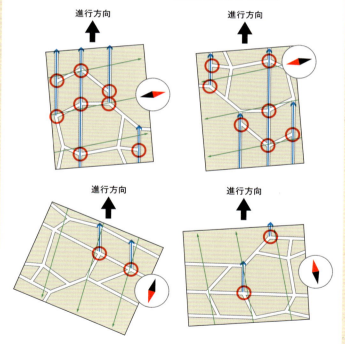

課題

07 | ピーク、鞍部、尾根、谷を捉える1

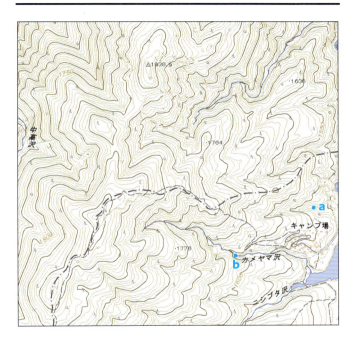

① 地形図から読み取れるピークに⭕、鞍部に❌を記入し、それらをつなぐ尾根に線を引いてください。

② 地点a、bに下ってくるすべての谷に線を引いてください。

※線のつながりが不明瞭なところは、線を無理につなげる必要はありません。

課題 **07**

Answer
解答と解説

❶ 上図のとおり。図中の太い線でぼかしてある箇所は、明確な尾根線と谷線が読みにくく、線を引いていなくても正解とする。

❷ 明確な谷は太めの線で、ややわかりにくい小さな谷は細めの線で示した。太めの線の部分をしっかり引くことができれば正解とする。

　尾根線、谷線とも、一本一本の等高線がいちばんきつく曲がっているところで、等高線と垂直に交わるように丁寧に線を引くのが重要。

　等高線から尾根線と谷線が判別しにくい場合は、現地に行ってもおそらく尾根線と谷線が認識しにくいと思われるので、その部分は線を引かずにおくのがよい。

課題 | Question

08 ピーク、鞍部、尾根、谷を捉える2

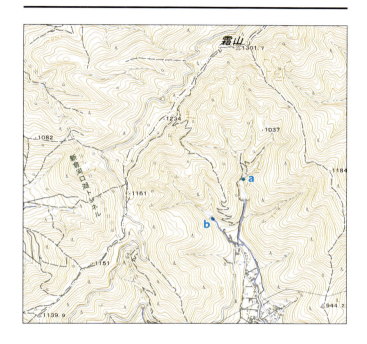

1. 地形図から読み取れるピークに〇、鞍部に✕を記入し、それらをつなぐ尾根に線を引いてください。
2. 地点a、bに下ってくるすべての谷に線を引いてください。

※線のつながりが不明瞭なところは、線を無理につなげる必要はありません。

課題 **08**

Answer
解答と解説

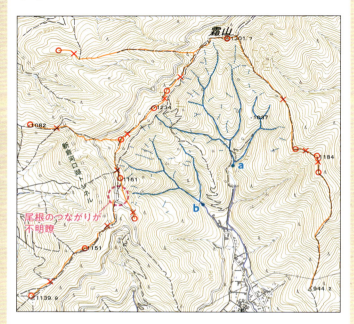

　解答は上図のとおり。ここでは等高線が閉じた地点をピークとする。尾根線、谷線とも、一本一本の等高線がいちばんきつく曲がっているところで、等高線と垂直に交わるように丁寧に線を引くのが重要。

　等高線のきつく曲がっている箇所が地図から判別しにくい場合は、現地に行ってもおそらく尾根線と谷線が認識しにくいと思われるので、線を引かずにおくのがよい。

　❷は小さな谷も記載したが、太めの線で引いてある部分がしっかりと引くことができれば正解。

課題

09 尾根の変化を把握する1

下の図 Ⓐ〜Ⓕ は地形図内の尾根線の一部を描き出したものです。該当する尾根線を地形図から見つけてください。

※地形図と図 Ⓐ〜Ⓕ は、縮尺・向きともに同じです。

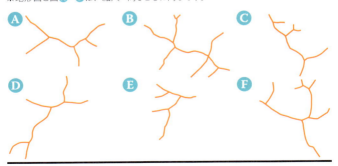

課題	**Answer**
09	**解答と解説**

　解答は上図のとおり。1カ所に注目し、尾根の方向と傾斜を調べるだけでは、たいていの場合、地形図内で該当する箇所がたくさんあるように見える。しかし、その尾根の方向の変化や、分岐している尾根の方向を調べることで、該当する場所をだいぶ絞り込める。

　実際の山でも、尾根を歩きながら方向が変わるごとにコンパスで尾根の向きを調べ、分岐する尾根の方向を確認することで、同じように現在地を絞り込むことができる。

課題

Question

10 | 尾根の変化を把握する2

下の図a〜fは地形図内の尾根線の一部を描き出したものです。図中の例を参考に、該当する尾根線を地形図から見つけてください。

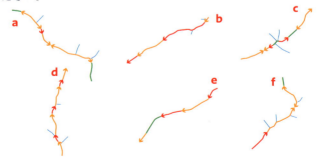

課題	Answer
10	解答と解説

　解答は上図のとおり。1カ所に注目し、尾根の方向と傾斜を調べるだけでは、たいていの場合、地形図内で該当する箇所がたくさんあるように見える。しかし、その尾根の方向、傾斜の変化や分岐している尾根の方向を調べることで、該当する場所がだいぶ絞り込める。

　実際の山でも、尾根を歩きながら方向が変わるごとにコンパスで尾根の向きを調べ、分岐する尾根の方向を確認することで、同じように現在地を絞り込める。

課題

11 | コースのアップダウンを イメージする1

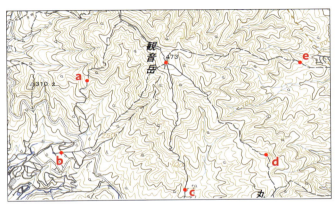

a〜eから登山道を歩いて観音岳までの距離はいずれも約1km です。それぞれのルートのアップダウンを ❶〜❻ から選んでください。ただし、いずれの図にも合致しないルートが1つあります。

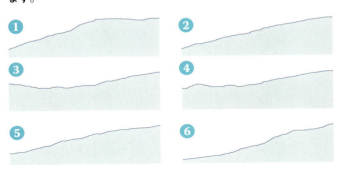

課題

11

Answer

解答と解説

a：該当なし

b：**6** **c**：**5**

d：**3** **e**：**2**

aのアップダウンはこのようになる。

　aはスタート地点の標高が高く、最初は急な登りだが、まもなく傾斜は緩やかになり、細かいアップダウンがあるだけである。これに該当するものはない。

　bはスタート地点が低く、最初は緩やかな登り、中盤で急な登りが続く。

　cはほぼ一定の傾斜を登り続けるコース。中盤に急な登りが2度あるが、等高線の間隔に注目すれば、**b**ほど急な登りではないと判断できる。終盤は傾斜が緩やかになる。

　dは最初にしばらく下り、その後、緩やかなアップダウンが続く。後半に少し急な登りがあるが、最後はまた緩やかになる。

　eはところどころで等高線の間隔が狭くなったり広くなったりするものの、ほかのコースと比べるとほぼ一定の傾斜を登り続けるコースである。**c**との違いは歩き始めに注目するとよい。**c**はしばらく緩斜面を歩くが、**e**は序盤にやや急登となる。

課題

12 | コースのアップダウンを イメージする2

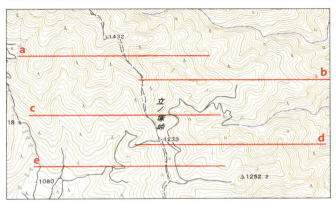

線a〜eの断面図を ❶〜❻ から選んでください。
ただし、合致しないものが1つあります。
※地形図と断面図は同じ向きです。

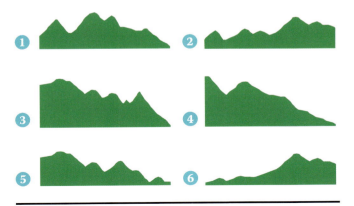

| 課題 12 | Answer 解答と解説 |

a：❶　b：❹　c：該当なし　d：❸　e：❻

　地形図にオレンジ色の線で示したのが、この山域の主稜線である。
　断面図のいちばん高い場所がその稜線付近にあるはずだと考えると見当がつく。
　見当がついたら、矛盾がないかどうか確かめていけばよい。

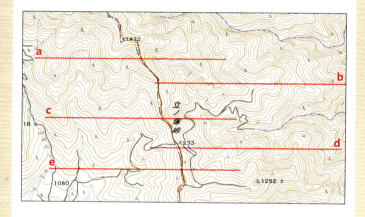

ちなみに……
線❸の断面図は下図のようになる。

課題

13 道の左右の地形と傾斜1

a～gの●の位置から矢印の向きに進んでいるとき、
進行方向を見たときの道の左右の地形を
①～⑤からそれぞれ選んでください。
また、●の位置での道のアップダウンを
[登り／平坦／下り]のなかから選んでください。

課題 **13**

Answer
解答と解説

A: ① - [登り]　B: ② - [登り]　C: ④ - [平坦]

D: ① - [下り]　E: ① - [下り]　F: ③ - [下り]

G: ④ - [下り]

　大きな地形は現在地を確認するのに便利だが、霧やヤブによって視界不良に陥ると把握できなくなる場合もある。一方、道の左右の地形やアップダウンは、視界が利かない場合でも確認できる。ルートの先読みをする際に、道のアップダウンとともに左右の地形も読み取る習慣をつけたい。

❶は尾根道で、写真1や写真2のような場所、❷は谷道で写真3のような場所、❹は写真4のような場所である。

課題

14 道の左右の地形と傾斜2

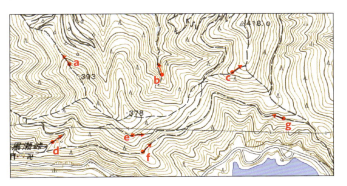

地点a〜gの●位置から矢印の向きに進んでいるとき、
進行方向を見たときの道の左右の地形を
❶〜❺からそれぞれ選んでください。
また、●の位置での道の傾斜を
[登り／平坦／下り]のなかから選んでください。

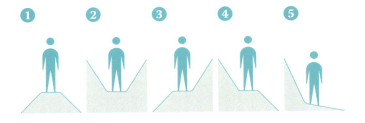

課題 **14**

Answer
解答と解説

a：① 下り　b：② 下り　c：① 登り　d：② 登り

e：④ 下り　f：⑤ 平坦もしくは下り　g：③ 平坦

　道の左右の地形や傾斜は、草木が生い茂ったり、霧などで視界がよくなかったりという場合でも確認できる。また、その都度地形図を見なくても記憶にとどめやすいので、ナヴィゲーションをする際には意識しておくとよい。また、ナヴィゲーションをほかの人に任せている場合でも、左右の地形を記憶にとどめておけば道に迷った際に現在地を絞り込む手がかりとなる。

　①は尾根道で、写真1や写真2のような場所、②は谷道で写真3のような場所、③④は写真4のように山の斜面を横切るような道である。

80　　　　　第2章　実践地図読みドリル

課題

15 景色と地形図を対応させる1

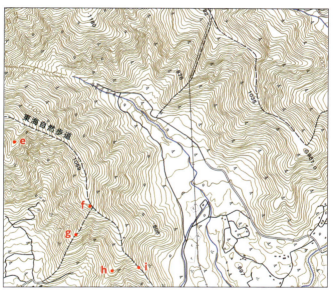

上の写真と地形図は、ほぼ同じ方向を向いています。
❶ 写真の地点a～dは地形図のどこに対応しますか。
❷ 地形図の地点e～iは写真のどこに対応しますか。

課題 15 | **Answer** 解答と解説

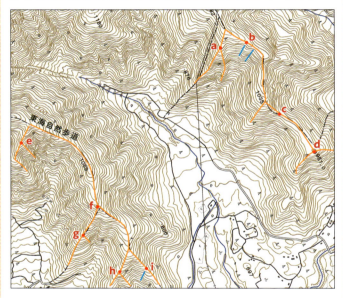

　上の図のように、尾根線（オレンジ色の線）を景色と地形図で対応させるとわかりやすい。尾根の分岐、傾斜とともに、谷（水色の線）が入っているところも地形を一致させる判断材料となる。

課題

16 | 景色と地形図を対応させる2

上の写真と地形図は、ほぼ同じ方向を向いています。
① 写真の地点a～dは地図のどこに対応しますか。
② 地図の地点e～iは写真のどこに対応しますか。

83

課題
16

Answer

解答と解説

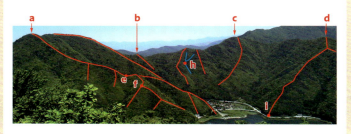

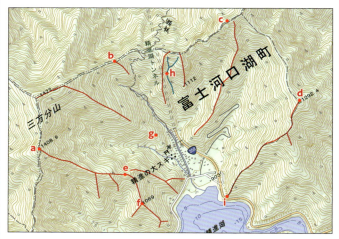

　下の図のように、尾根を地形図上に描き込み、傾斜や分岐を頼りに尾根を対応させていくとよい。地点hは、谷の方向が曲がるところ。地点gは写真では南の尾根に隠れ、写っていない。

[コラム]マップメーター

　地形図上で距離を正確に測りたいときは、写真のようなキルビメーターを使うと便利だ。使い方は、先端のローラーを地形図上のルートに沿ってなぞるだけ。複雑な曲線のルートでも正確に距離を算出することができる。アナログタイプのものは1000〜3000円程度。写真のようなデジタルタイプのものは、8000円〜1万円程度で購入できる。また、山に携行可能なキーホルダータイプのものもある。

Question

課題

17 | ルートを予測する1

右ページの地形図左上のスタート地点から右下のゴール地点まで尾根をつないで縦走します。次の❶〜❻の問題に答えてください。ただし、地図の縮尺は変更しておらず、原寸で使用しています。

❶ ルートに線を引いてください。

❷ この場所での磁針方位は西偏約6度40分、地形図の長辺の長さは12cmです。地形図の右下の角を基点に磁北線を引く場合、地形図の最上部に記したa〜dのどの点と結べばよいですか。

❸ このルートの距離と、ルート全体の登距離の合計を求めてください。

❹ 正しいルートをたどるために、現在地を確認したい場所（チェックポイント）を7カ所以上挙げてください。また、それぞれの場所で間違って進んでしまう可能性のあるルートに短く線を引いてください。

❺ ❹で挙げた地点のうち前半4つのチェックポイントについて、直前のチェックポイントからのルートプランを考えてください。

❻ ❺の4つのチェックポイントを過ぎて間違った方向へ進んでしまった場合、何を意識していれば「道を間違えた」ことに気づけますか。

ヒント

❷ $12 \times \tan 6°40' \fallingdotseq 1.4$

❸ いくつかの区間に分割して定規で合計距離を測るとよい。マップメーターがあると測りやすい。

❺ 地形図を見ていない人を電話で誘導するつもりで考えるとよい。

❻ できるだけ現地で気づきやすい特徴を選ぶ。そうすることで間違いに気づく可能性を上げられる。

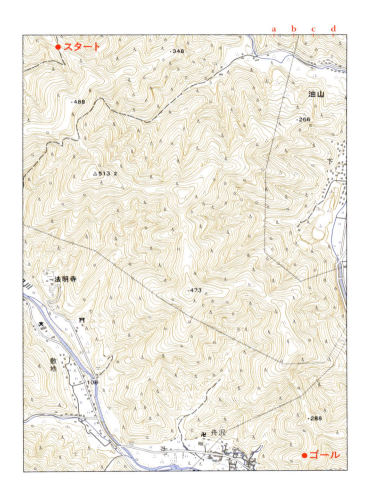

| 課題 | **Answer** |

17 解答と解説

① 右図の赤線　　**②** b

③ 距離：約4.25km（4〜5kmで正解）
登距離：約370m（320〜430mで正解）

④ チェックポイントとして地点e〜oが挙げられるとよい。
f、h、i、j、nのピークは必須。
k〜mは枝尾根の先に鉄塔があり、そちらに道がついている可能性があるので、できればチェックポイントとして挙げたい。

⑤ 解答例

e：スタート地点から南東方向に尾根を登り、左手から登ってくる尾根と合流して平らになるところ
f：eから南南西〜南西方向に平らに延びる尾根を400mほど進む。尾根の方向が南南西から南西に変わるところで、左斜面が尾根状に膨らんでいる場所。
g：fから南南東に尾根を下った少し先で細くなっているところ
h：fから南南東に尾根を下り、鞍部から正面の尾根を登り返したその先のピーク。
i：hから東南東に尾根をたどり、鞍部を越えて一気に50mほど登ったピーク。
j：iから尾根をほぼ南に進む。20mほど急登を登ったピーク。

⑥ 解答例

e：しっかりした下り坂にさしかかる。
f：緩い下りの尾根が真西を向く。
g：尾根から外れる　　h：下りで尾根が西を向く。
i：尾根が下る向きが東北東〜北東を向く。
j：ピークから下る尾根が南もしくは西を向く。さらにそのまま進むと送電線の鉄塔がある。

等高線間隔が10mであることから、この地形図の縮尺は2万5000分ノ1であるとわかる。

②地形図右下の角を基点に分度器で6度40分を測り、線を引けばよい。数式で算出する場合は、地形図の長辺が12cmであるから、$12 \times \tan 6°40' ≒ 1.4$により、地形図の右上の角から左に1.4cmの点となる。

⑤プランは解答例と違ってもよい。全体的に林の中なので、あまり遠くまで見通せないことを見越したプランが必要である。三角点は見つけられれば場所が確定できるが、ないことも多く、ほかの特徴を読み取っておかなければならない。

⑥解答例と違ってもよい。特にプランに自信がないときは、道を間違えるとどうなるか意識しておこう。

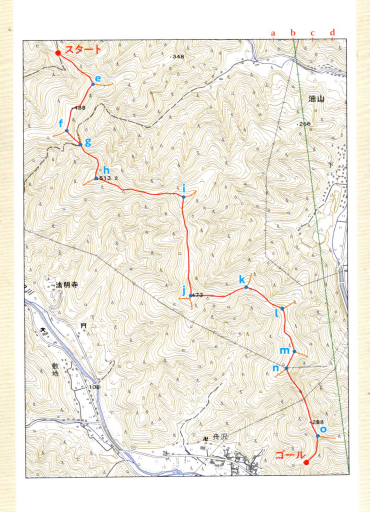

Question

課題

18 | ルートを予測する2

右ページの地図は、国土地理院発行の地形図を
拡大・縮小せずに載せています。
地図上の赤線のルートを歩くことを考えます。
ルートになっているところには、登山道または踏み跡があり、
また、登山道が描かれていないほかの場所にも
登山道や踏み跡があるところもあります。

1 この場所での磁針方位は西偏約7度30分です。
地形図の右下の角から磁北線を引いてください。

2 このルートのおおよその距離と、ルート全体の登距離の合計を求
めてください。

3 地点a〜dは、現在地を確認しておきたい場所（チェックポイン
ト）です。前のチェックポイントから次のチェックポイントまで、い
っさい地形図を見ずに進む場合、方角や距離のほかに、前のチェ
ックポイントで読み取っておくべきことを答えてください。

4 地点dからeの区間で、進む方向を間違えやすい場所を5カ所
以上見つけ、間違って進んでしまう可能性があるルートに短く線
を引いてください。

5 地点fの分岐に気づかず尾根を下ってしまった場合に、その先に
あるどんな地形を意識しておけば行き過ぎたことに気づけますか。

6 地点fからゴールまでのルート上で、現在地を混同しやすいであ
ろう場所を3カ所以上挙げてください。

7 **6**で挙げた場所で気づかないまま間違った方向へ進んだ場合、
何に注目していればその間違いに気づけますか。

90　　　第2章　実践地図読みドリル

課題

18

Answer

解答と解説

① 右の図の緑の線

② 距離：約5.5km（5〜6.5kmで正解）　登距離：約280m
（240〜320mで正解）

③ 解答例

a：スタートの西にある241ピークの右斜面を巻く。
北にあるピークとの間にある鞍部で、道が尾根の右斜面から左斜面に移る場所。

b：尾根の左斜面を進み、鞍部に出たところで道の分岐。
少し手前まで来ると、正面には比高40mほどの急な尾根がピークのように見える。

c：尾根の左斜面を進み、尾根上の鞍部に出たところで、電波塔がある。

d：尾根を登り、傾斜が緩くなって尾根の方向が大きく右に曲がるところ。

④ 図の水色の線。太い線は必須。細い線はなくてもよい。

⑤ 解答例：明瞭な尾根の分岐、明瞭な鞍部に出たら間違い。

⑥ 解答例

1 地点gで、地点hにいると勘違い

2 地点iで、地点hにいると勘違い

3 地点kで、地点jと勘違い　　4 地点lで、地点jと勘違い

⑦ 解答例

1 地点gから水色の線の方向へ進むと、すぐに尾根が急な下りになる。

2 地点iから水色の線の方向へ進むと、尾根の左側前方、一段下に傾斜の緩やかな尾根が延びているのが見える。

3 地点kから水色の線の方向へ進むと、この分岐の先にあるピークから延びる2本の尾根の向きが異なる。

4 地点lから水色の線の方向へ進むと、尾根の向きが異なる。また、すぐに明瞭な尾根の分岐がある。

等高線間隔が10mであることから、この地形図の縮尺は2万5000分ノ1であるとわかる。

⑤〜⑦は解答例と違ってもよい。ルートの先読みをすることで、地図読みのスキルアップとなる。

課題

19 現在地を把握する1

右の地形図のスタート地点を出発し、登山道をしばらく歩きました。次の 1 ～ 6 を読んで ❶ ～ ❸ の問題に答えてください。この地形図の縮尺は2万5000分ノ1で、磁針方位は西偏約7度です。また、同じ場所を2回以上通ることはなかったとします。

1 スタート直後からしばらく、道の左右の地形と傾斜は下記のように変化し、鞍部に到着した
道の右側が高い平坦道⇔道の両側が高い下り⇔道の右側が高い緩やかなアップダウン

2 その後、畑の間の道を通り、鞍部に出た。

3 ここまでは地形図に描かれている道を、ここからは地形図に描かれていない尾根道を歩いた。

4 2 の後、緩やかなアップダウンが10分ほど続いた。

5 急な登りの後、平らになったら道の方向が変わり、またすぐに道が方向を変えて急な下りになるところがあった。そこでの道の方向の変化は［図1］のとおり。

6 5 の急な下りが終わって平らになってからのアップダウンは［図2］のとおり。［図2］の横方向は地形図と同じ縮尺。

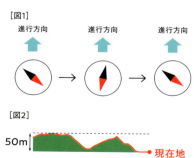

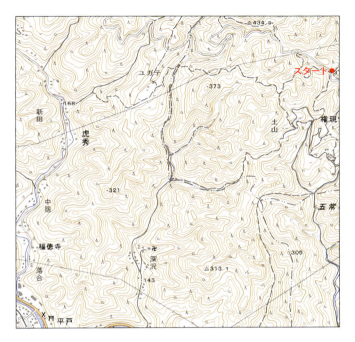

1. 1、2でたどり着いた鞍部はそれぞれどこですか。
2. 5はどこか推測してください。
3. 現在地はどこか推測してください。

課題 **19**

Answer
解答と解説

第 2 章 実践地図読みドリル

1 の道の左右の地形の変化は、左ページの図に示したとおり。

2 から尾根伝いにたどり着ける場所はオレンジ色の線—―で囲った範囲だけなので、3 の条件を満たすのはこの範囲に限られる。

4 により、大まかには主尾根線をたどっていることが推測できる。

5 の道の方向の変化は、西偏7度の磁北線を引いて考えると、地形図上では [図3] のようになる。さらに「急な登りの後、平らになったら道の方向が変わり、またすぐに道が方向を変えて急な下りになる所」に該当する場所は1カ所のみ。

5 の場所が特定できれば、6 のスタートが決まり、その後に通る範囲も青点線---より南に絞られる。そのなかで標高差が40mほどありそうな鞍部はaしかない。その後、登った最も高い地点がbなのかその手前なのかはすぐにはわからないが、そのピーク周辺であることは間違いない。そこから尾根を下ったところにある「平らな尾根」は、ほかにも5カ所候補がある（図のピンク枠内 ）。なかでもdの尾根はaとの高さ関係が矛盾しない。しかし、断面図ではbc間のちょうど真ん中辺りで平らになっている。dはそれほど傾斜にメリハリがないので該当しない。お気づきの人も多いと思うが、cからの平らな尾根の方向をコンパスで確認すれば、ほかの尾根ではないことがわかる。歩いたコースは赤線のとおり。

[図3]

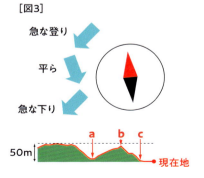

Question

課題

20 | 現在地を把握する2

この地図は、国土地理院発行の地形図、磁針方位は西偏約7度20分です。右の地図の○をつけた地点をスタートし、登山道をしばらく歩きました。次の[1]～[6]を読んで現在地を推測してください。なお、常に地図に表記されている道を歩き、同じ場所を2度以上通っていないものとします。

[1] スタート後、しばらく進むと、すぐ近くに送電線の鉄塔がある鞍部に着いた。
[2] その後間もなく、ピークに到着した。
[3] その後、しばらく下り、しばらく登った。
[4] その後、進行方向と道の左右の地形が図1のように変化する場所があった。
[5] [4]の後はずっと下りだった。
[6] 現在は、図2に示したとおりの方向の尾根上にいる（矢印方向が下り）。また、近くに川がある様子はない。

図1

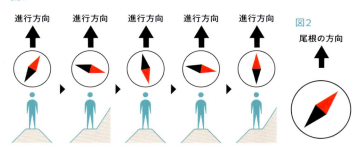

図2

98　　第2章　実践地図読みドリル

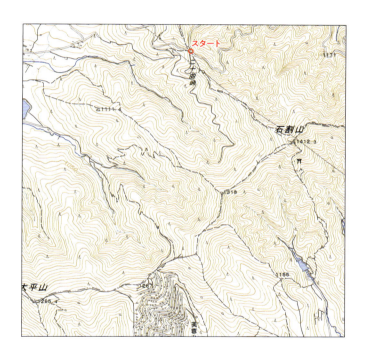

課題

20

Answer

解答と解説

100　第2章　実践地図読みドリル

1 2 から、2 のピークも送電線からさほど離れていないことがわかる。

　3 は、2 のピークから下るコースは2つあるが、しばらく下り、しばらく登るという説明と合致するのは南東の尾根。

　4 は大きな手がかりになる。地図に磁北線を引き、地図上でそれぞれの道の向きがどのようになっているか調べると、**図3**のようにつながっていることがわかる。これに該当する場所は地形図内に1カ所しかない。この地形図には尾根道が多いことから、道の片側が高くて反対側が低くなっている地形に注目して探すと見つけやすい。また、それぞれの場所で道の左右の地形がわかっているため、確信をもてる。

　5 6 と徐々に現在地を絞り込める。尾根の向きは**図4**と同じ向きのはずである。a地点も尾根上で、尾根の向きも合っているが、川の近くではないために除外される。

　歩いたコースはおおよそ赤色の線のとおり（地図南東部で道が複数に分かれている部分はどこを通ったか確定できない）。

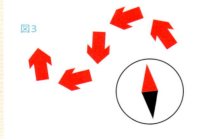

図3

図4

Question

課題

21 | 総合問題1

この地形図は、2万5000分ノ1地形図を縮小して使用しています。

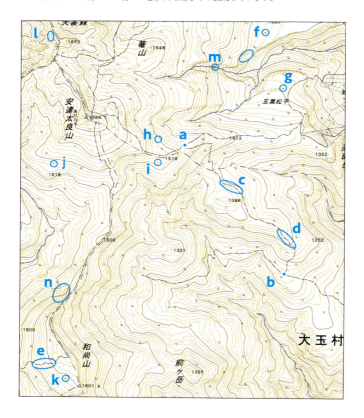

1 この地図の最高地点と最低地点を示してください

2 a、bそれぞれの地点の標高は約何mですか。

3 a地点から南東へ下る登山道を標高差90m下った場所はどこか記してください。

4 c、d、eに関して、登山道の傾斜が急な順に並べてください。

5 f、g、h、i、j、kの地形の特徴を示す地図記号に関して、日光や風を遮るものがないことを表わす記号はどれですか。（複数回答）

6 l、m、nで示した地図記号は、標高の高いほう、低いほう（記号の上下方向）が決まっています。それぞれの記号のどちらが標高の高い方向を示していますか。

7 次の❶～❺のなかで、内容が間違っているものはどれですか。（複数回答）

❶安達太良山から北北西に延びる尾根には2本の並行する登山道がある。
❷この地図の範囲で近くにハイマツが生えていたらgの周辺である。
❸この地図の山の主稜線は大部分が市区町村界と一致している。
❹安達太良山の山頂付近からmの滝は見えない。
❺地図内に三角点が2つあるが、標石があるかどうかは行ってみなければわからない。

課題 **21** Answer

解答と解説

1 図を参照

2 a 地点＝1470～1480 mの間　　b 地点＝1220 m
基にしている2万5000分ノ1地形図では、　等高線は10mごとに引かれている。標高のわかりやすい太字の等高線（計曲線）から10mずつ足したり引いたりして数えるとよい。

3 図を参照
2の解説を参照。

4 e → d → c
登山道が等高線を横切る間隔が狭いほうが傾斜は急になるので、 e → d → c だとわかる。

5 g、 h、 i、 j
直射日光や風を遮るものがあるかどうかは計画段階で知っておきたい情報である。f、k は広葉樹林と針葉樹林なので、林が直射日光や風を遮ってくれると考えられる。g（ハイマツ地）、h（砂礫地）、i（荒れ地）、j（笹地）は、地図記号上は木々に関する情報がなく、直射日光や風にさらされる恐れがあると考えられる。

6 解説を参照
等高線からどちらが高いか判断できないときに、これらの記号から上下を確認できるので覚えておきたい。l は土がけ、n は岩がけの記号で、どちらも開いている方が斜面の下になる。m は滝の記号で、線側が上流、円点側が下流である。

7 ❶❷が間違い
❶破線は登山道の記号だが、二点鎖線は市区町村界を示している。
❷ハイマツの記号は g 付近にしかないが、 ほかの場所にハイマツが生えていないかどうかは地図から読み取ることはできない。植生の記号は大雑把にとらえ、それだけで現在地を絞り込むのはやめよう。

課題

22 | 総合問題2

① 右のイラストは、矢印の方向に延びる登山道を地形図で確認するために、整置を行なっているところです。
より正しく整置を行なうで、改善点を2つ以上挙げてください。

進行方向

② 下の図の❶～❸は、右の地形図上のとある地点からa～lのどこかに向かって歩いた途中で、進行方向に向かって整置をした図を順番に並べたものである。
a～lのどこに向かったか答えなさい。

磁北線

進行方向

進行方向 　　　進行方向 　　　進行方向

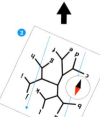
❶

❷

❸

106　第2章　実践地図読みドリル

3 現在地は地形図上の分岐のどこかである。
下の4つの図は、現在地から延びる
それぞれの登山道に対して
右の図を整置したときのものである。
現在地はどこですか。

磁北線 ——→

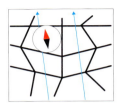

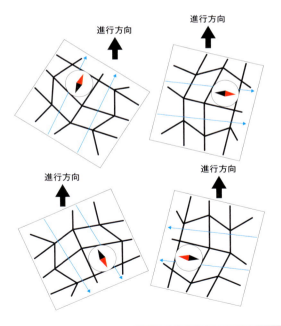

Answer

解答と解説

1

コンパスは、整置を行なう上で非常に重要な道具だが、使い方を間違えると正確に方向をとらえられないばかりか、道迷いの原因ともなりうる。P106で示した整置のイラストから正したい点は下記の3点。このうち2点以上が合っていれば正解とする。

・確認したい道の方向へ体を向ける（より高い精度で方向を確認するため）
・コンパスを水平に持つ（コンパスの針が正確な方向を指すようにするため）
・コンパスを地形図に重ねて見る（磁北線とコンパスの針の角度を正確に合わせるため）

以上の3点を実行した正しい整置は右のイラストのようになる。

また、コンパスを使用する際には、近くに磁力のあるもの（スマートフォン、腕時計、カメラなど）がないか確認することが大切である。これらの近くではコンパスは正しい方向を示さない。

進行方向

2

整置すると、地形図上での進行方向と実際の進行方向が一致する。そのため、スタート地点は△であると判断できる。△から東方向に進み、分岐で整置して南南東へ。再び分岐で整置し南東へ向かっているので、hとわかる。

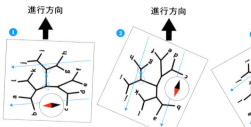

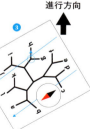

地形図上の登山道の方向と実際の登山道の方向が4カ所すべて一致しているところが現在地である。それぞれの図で地形図上の登山道の方向と実際の登山道の方向を示していくと、図のようになる。複雑に見える登山道の分岐も、整置を正しく行なうことで、現在地を絞り込むことができる。

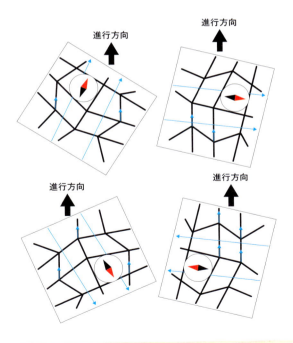

Question

課題

23 | 総合問題3

1. 地形図上で標高450m以上の部分と、標高400〜450mの部分を異なる色で塗ってください。

2. a、b、c、dは、それぞれどちら向きの斜面か、十六方位で答えてください。
※斜面の方向は下りの方角がどちらを向いているかを指す。

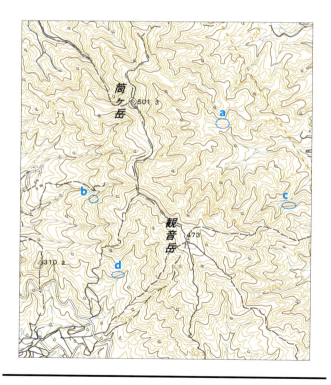

110　第2章　実践地図読みドリル

15点の狭い範囲の地形図上に示したa〜v地点に関して、それぞれの地点が尾根、谷、ピーク、鞍部のどれか、根拠を考えながら答えなさい。(m〜vは難問)

課題 23 解答と解説

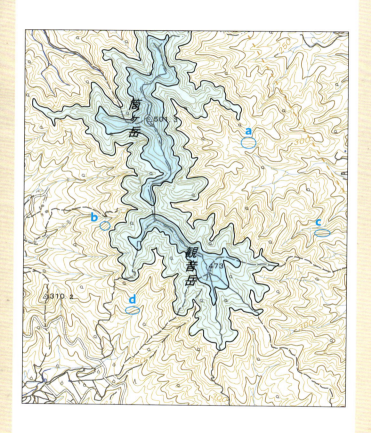

112　第2章　実践地図読みドリル

① 指定されている標高が50mごとのエリアなので、太い等高線（計曲線）に注目するとわかりやすい。尾根か谷かわかりづらい地形も色を塗ることで地形を想像しやすくなることがある。

② 斜面の方向とは、最大傾斜（下り）の方向がどちらの方角を向いているかということ。
a＝南　b＝北西　c＝北　d＝南南東

③ a＝ピーク　b＝谷　c＝尾根　d＝谷
e＝尾根　f＝鞍部　g＝尾根　h＝谷
i＝尾根　j＝谷　k＝尾根　l＝谷
m＝尾根　n＝尾根　o＝谷　p＝谷
q＝谷　r＝谷　s＝尾根　t＝谷
u＝鞍部　v＝尾根

狭い範囲の地形図だと、どちらの標高が高いのか、低いのかを判断する材料が少ないため、地形を読み取るのが難しくなる。
m＝送電線が曲がっている場所には鉄塔がある。特別な理由がないかぎり、送電線の鉄塔は谷底には設置されないため、地形の上下を判断できる。
n＝堰の記号があるのは谷である。
o＝岩がけの記号により地形の上下がわかる。
p＝土がけの記号により、地形の上下がわかる。
r＝1533mの標高点と太い等高線（計曲線）のどちらの標高が高いかを考える。標高点が高いとすると計曲線は1510mになるが、1510mの等高線は細い等高線（主曲線）のはずで、矛盾が生じる。計曲線が高いとすると矛盾が生じない。
s＝堰の記号の位置とその向きから、図の線の位置に谷があり、その上下もわかる。

v＝細い線上に連なった砂礫地の記号は多くの場合、谷にある。また、尾根を境に斜面の傾斜が大きく異なることは多いが、谷を境に斜面の傾斜が大きく異なることは少ない。2つの条件を考え合わせるとvは尾根でほぼ間違いない。

課題

24 | 総合問題4

1 線a-a'〜e-e'の断面図を❶〜❺から選んでください。

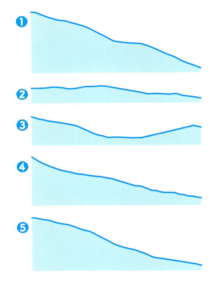

2 地上に木などの視界を遮るものがないと仮定した場合、f、g、h、i、j、k、lにある●と▲はそれぞれ見通せますか。（iは難問）
[ヒント]
地形図の標高を立体的に読み取るための問題。
等高線を読み慣れていない人は、等高線を高さごとに色分けしてから始めるといい。

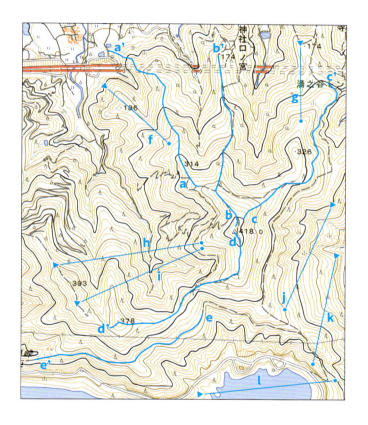

課題

24

Answer

解答と解説

1
a＝❶　b＝❺　c＝❹　d＝❸　e＝❷

　パッと見て、左右のどちらかの標高が高い❶❹❺がabcと対応すること
に気づくだろう。dは両側の標高が高いから❸、最高地点が中間にあるeは
❷。aは最も標高が低い部分の傾斜が急なので❶。bとcを比べると最も標
高の高い部分の傾斜はcのほうが急なので、bが❺、cが❹となる。

2
f＝見通せない　g＝見通せる
h＝見通せる　i＝見通せる　j＝見通せる
k＝見通せない　l＝見通せる

　視界を遮る地形が途中にあるかどうかを判断すればよい。その方法は、
各点どちらからの景色を想像してもいいし、断面図を想像してみてもいい。
また、右の図のように等高線を高さごとに色分けするとわかりやすい。
f＝▲からの●方向の景色を想像してみよう。目の前には急な斜面がそびえ
るばかりで●など見えない。
g＝●から▲方向の景色を想像してみよう。眼下には急に下っていく斜面が
見える。その先には右手前から正面に向かって平らに延びる尾根が見える。
その先端が▲。
i＝▲は●より等高線は4本上。●▲間で●より高い場所に色を塗ってみる
と、視界を遮るとするとmの尾根しかないことがわかる。では、▲と●を結
ぶ視線がmの尾根上で通る高さを調べてみよう。この尾根の場所は▲側か
ら1/4～1/3の位置。なので、▲より等高線1～4/3本分下を通る。mの
尾根の高さが▲より2本ちょっと下なので、尾根のほうが視線よりも低い。

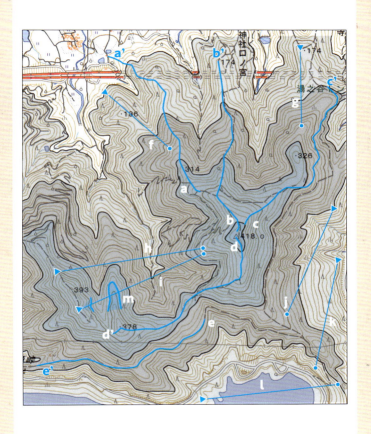

Question

課題

25 | 総合問題5

右の地形図は125％に拡大したものです。△地点から烏帽子
岳に登り、◎地点に下山することを考えます。

1
❶～❺のうち、確実に間違っているものはどれですか。
❶全体的に林がないので周りの景色はよく見えるだろう。
❷登りの前半は草千里ヶ浜のすぐ西にある尾根を歩く。
❸登り、下りとも標高1250ｍぐらいから上部で傾斜が急になる。
❹登り、下りとも尾根道で、登りは道の分岐以外でも違う尾根に入って
迷ってしまわないよう注意が必要である。
❺烏帽子岳山頂の南東や南西はとても急な斜面である。

2
写真は烏帽子岳を北側から見た景色です。
a～k地点は地形図のどこか示しなさい。（b、c、e、fは難問、aはやや
難問）

3
写真に烏帽子岳から◎地点への下山路を線で引いてください。

4
烏帽子岳から◎地点への下りの中腹にある、
草千里ヶ浜への分岐を見つけるために、
何を意識して歩いたらいいか考えてください。（難問）

課題

25

Answer

解答と解説

1 ❹

　❹は明らかな間違い。例外を除いて尾根は登るにつれて合流していく。ここの場合も登りで尾根が分岐している場所はないので説明文は誤りである。尾根をたどる際に注意が必要なのは下りである。コースの最初は右に針葉樹、左に荒れ地の記号があり、地図だけでは❶が正しいかどうか判断できない。それ以外は正しい。

2 地形図を参照

　北側から南を向いた写真なので、地形図の方向と写真が一致している。写真正面の山が烏帽子岳、手前右側の平らな部分が草千里ヶ浜、2つの池も直感的にわかるだろう。手前に見えている道路のカーブ、そこへまっすぐ下ってくる谷も見つけやすいのではないだろうか。上記を手がかりに、地形と等高線を確かめながらひとつひとつ対応させていこう。

　aは、地形図上にピークを示す閉じた等高線はないが、典型的な隠れピークである。

　bは、東に張り出す尾根、尾根の方向の変化が判断材料。

　cは、小さな尾根の分岐。

　eは、尾根が細く平らに延びている付け根。

　fは、尾根の方向が大きく曲がる地点。

3 写真を参照

　下山路は、烏帽子岳山頂から、2のd地点のすぐ東まで尾根をたどってくる。

4 解説を参照

　この登山道の分岐には、わかりやすい地形の特徴がない。そのため、複数の情報を組み合わせて判断しなければならない。

例を下記に示す。

　草千里ヶ浜の南東の縁にある急斜面（ℓ）のすぐ脇に出たこと、標高1200m付近であることで大まかな現在地をつかみ、道（尾根）の向きが北から北東へと変わる場所からおよそ50m前後進んだ場所が分岐点。これらの情報を意識して歩きたい。

　このように探し当てた位置点に明確な目標物がない場合、行き過ぎた場合も考えておくと安心できる。この場合、行き過ぎると再び登山道が北へ向きを変えるなど、行き過ぎたことを知るための情報も意識しよう。

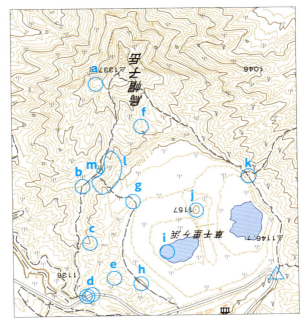

Question

課題

26 | 総合問題6

P123 地形図には登山道がすでに載っていますが、実際には存在しない道、場所が正確でない道、地形図には載っていないだけで実在する道も考えられます。

❶〜❻は地形図の△地点から大文字山の三角点を通って◎地点までを遠回りせずに歩いた際の記述で、時系列に並んでいます。それぞれどの地点の記述か地図で示してください。

1
❶最初に歩くのは林道のような川沿いの道。その道が谷に沿って大きく右に曲がり、さらに約100m進んだところから右側の尾根に入る登山道がある。その登山道を進むとすぐに傾斜の緩やかな尾根の先端に出た。

2
❷いくつか階段を上り、五山の送り火の「大」の字の一画目書き始めの場所に出た。

3
❸大文字山の三角点を過ぎて約100mの場所で尾根の右側へ下るとすぐ、南西方向に平らに突き出した尾根の付け根に、道の分岐があった。

4
❹❸からほぼ尾根上を約700m進み、西向きに尾根を下った先にある鞍部に到着した。

5
❺❹からほぼ尾根上を約800m進むと、北北西から南南東に細長いピーク上で、正面（南南東）に低いピークがある。道はそのピークを巻くように左に下り、分岐に出た。この分岐を直進するとそのまま右手が高く左手が低い斜面のトラバース、左に行くと東南東へ平に張り出す尾根道である。

6
変則七差路。7本の道は次のとおり。谷を下る道が北北西向きと南東向きの2本。西へ向かうトラバース道、東南東へ向かうトラバース道と東へ登る道は、左側が高く、右側が低い。南南西へ登る道と北北東へ向かうトラバース道は、右側が高く、左側が低い。ここから南南西へ登る道へ進んだ。

課題

26

Answer

解答と解説

❶❷❸❹❺❻地形図を参照

❶谷に沿って道が東向きから南に曲がった後、川沿いを約100m進むと右にある尾根を特定できる。aは、登山道が曲がった直後に川を渡って尾根に乗るため文脈と異なると判断できる。

❷階段を登った直後に植生界の記号が「大」の形をしていることから、場所を特定できる。

❸三角点から約100mで南西方向に平らに延びる尾根はここしかない。

❹❸から尾根を700m進んで到達する地点ということで、範囲を大まかに絞ることができる。その範囲内に❸から尾根をたどっていくため、地形図にある登山道を外れ、市区町村界を示す二点鎖線上を歩いたと推測できる。最後に尾根を西に下った先にある鞍部は1カ所しかない。

❺❹から尾根を800m進んで到達する地点は、範囲を大まかに絞ることができる。その範囲で北北西―南南東に細長いピーク、さらにその南南東部分に低いピークがある場所というと326mの標高点があるピークしかない。その先を見てみると、東南東へ平らに張り出す尾根もあるので間違いない。道は図のようについている。

❻谷を下る道が違う方向に2本あるので、鞍部ということがわかる。道と地形の関係を模式図に描いてみると想像しやすい。北東と南西が高くなっている鞍部で、北北西側の谷は広く、南東側の谷は細い。さらに、ナビゲーション経験豊富な人なら、このように道がたくさん分岐している場所ははっきりとした鞍部だろうと想像できるだろう。尾根のなかで最低鞍部などの周りと比べて特に低くなっている鞍部は道が集まりやすい場所である。

　低山、特に里山は、小さな地形が複雑につながり、登山道や作業道、踏み跡が多い傾向にある。登山道のみが正確に載っている地図を手に入れることも難しいため、ついつい地図を見ずに道標を頼りに歩いてしまう人も多いだろう。このコースはその典型的な例である。
　このような山でも、❸〜❻のようにわかりやすい地形と方向を組み合わせることで現在地の特定がさほど難しくない場所もある。そのような場所を見つけて、できるだけ頻繁に現在地を確認するようにしたい。

あとがき

　本書は、月刊誌「山と溪谷」の付録として作成した小冊子「地図読みドリル」と、地図読みに関する特集を再編集したものである。

　地図読みドリルの各課題はすべて、宮内佐季子さんに作成いただいた。実践的で楽しみながら取り組める課題を作ってほしいという編集部の要望に対し、宮内さんはアドベンチャーレースやオリエンテーリングの経験を生かしたすばらしい課題を考えてくださった。

　ロゲイニングやオリエンテーリングといったナヴィゲーションスポーツは、一般登山とは別世界のように感じられるかもしれない。しかし、登山でもナヴィゲーションスポーツでも、地図から地形を読み取る技術は変わらない。地図読みのポイントは、地図から地形的特徴を観察し、実際の地形と照らし合わせて現在地を特定したら、目的地への正しいルートを維持することだ。ただ、道標の整備された登山コースでは、地図と地形を照らし合わせなくても、道標などから現在地を把握できるため、地図読み技術が身につきにくく、慣れないうちは地図から情報を読み取るのが難しいと感じてしまう。

　読図技術向上の近道は、楽しみながら地図を見ることだ。この山のあの登山道は登ったことがあるけれど、ほかの登山道ならどんな景色が見られるのか。この尾根を歩き続けたらどこにたどり着くのか。こうしたささいなことを楽しみながら地図を眺めることで、いつの間にか地図からさまざまな情報が読み取れるようになる。登山地図でも地形図でもかまわない。まずは地図を眺める時間を増やし、地図のおもしろさに気づいてほしい。

　　　　　　　　　　　　　　　　　　　　山と溪谷編集部

宮内佐季子（みやうち さきこ）

1998年にアドベンチャーレースに出会い、プロチーム「Team EAST WIND」のメンバーとして世界各地のアドベンチャーレースを転戦。1999年「エコチャレンジ」（パタゴニア）15位・日本人初完走、2000年「レイド・ゴロワーズ」（チベット・ネパール）14位などの成績を残す。その際に地図読みの必要性を痛感したため、2001年から競技オリエンテーリングに取り組む。2004年度全日本オリエンテーリング選手権優勝。2004年国体山岳縦走競技優勝（京都府成年女子代表）。その後、シクロクロス（自転車競技の一種）に参戦、2012・2013年全日本シクロクロス選手権連覇。現在は公益社団法人日本山岳ガイド協会所属。2020年3月まで第61次南極地域観測隊員として活動している。

山のABC　地図読みドリル　　　　　　　　　　　YS044

2019年12月5日　初版第1刷発行
2023年6月25日　初版第2刷発行

著者	宮内佐季子、山と溪谷編集部
発行人	川崎深雪
発行所	株式会社山と溪谷社

〒101-0051 東京都千代田区神田神保町1丁目105番地
https://www.yamakei.co.jp/

●乱丁・落丁、及び内容に関するお問合せ先
　山と溪谷社自動応答サービス　TEL.03-6744-1900
　受付時間／11:00-16:00（土日、祝日を除く）
　メールもご利用ください。
　【乱丁・落丁】service@yamakei.co.jp
　【内容】info@yamakei.co.jp
●書店・取次様からのご注文先　山と溪谷社受注センター
　TEL.048-458-3455　FAX.048-421-0513
●書店・取次様からのご注文以外のお問合せ先
　eigyo@yamakei.co.jp

印刷・製本　図書印刷株式会社

乱丁・落丁などの不良品は、送料当社負担でお取り替えいたします。
本書の一部あるいは全部を無断で複写・転写することは、
著作権者及び発行所の権利の侵害となります。

定価はカバーに表示してあります
©2019 Sakiko Miyauchi, Yama-Kei Publishers Co.,Ltd. All rights reserved.
Printed in Japan　ISBN978-4-635-51059-2

登山者の「知りたい」に答える、
ヤマケイ新書の新シリーズ

山のABC

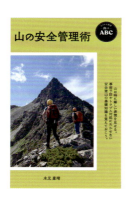

山のABC
山の安全管理術
木元康晴

1000円 + 税　　　　　　　　YS043

山は時に厳しい表情を見せる。事故予防やトラブル対処に欠かせない安全登山の基礎知識を覚えておこう。

山のABC
基本のロープワーク
羽根田 治

1000円 + 税　　　　　　　　YS045

登山やキャンプなどで役立つロープワークを網羅。いつどんな場面でもさっと使えるよう、少数精鋭の結び方をマスターしよう。

以下続刊